libre donde esté

Una guía práctica
para vivir con
plena consciencia

Thich Nhat Hanh

PARALLAX PRESS
BERKELEY, CALIFORNIA

Parallax Press
2236B Sixth Street
Berkeley, CA 94710
parallax.org

Parallax Press es la división editorial de la Comunidad
Plum Village del Budismo Comprometido.

Diseño de portada por Katie Eberle
Diseño de texto por Maureen Forys, Happenstance Type-O-Rama
fotografía del autor © Plum Village Community of Engaged
Buddhism

Impreso en Canada por Marquis
Impreso en Groundwood Book Cream FSC

Número de Control de la Biblioteca del Congreso: 2024931489

Sea
libre
donde
esté

Índice

Prólogo

ACOMPAÑÉ A Thây Thich Nhat Hanh a la Institución Correccional de Maryland en Hagerstown el 16 de octubre de 1999, junto con Pritam Singh, el Hermano William y muchos otros amigos. Para unirnos a los más de cien reclusos que nos esperaban en la capilla, tuvimos que pasar por dieciséis puntos de control. En una de las puertas, un guardia de seguridad confiscó una pequeña grabadora que llevaba conmigo para grabar la plática de Thây. Obstinadamente me opuse a que me la quitara, explicándole que nuestro maestro estaba envejeciendo y no quería perder ninguna de sus pláticas sobre el Dharma. Después de media hora, me devolvió la grabadora y continuamos. Resulta que la grabadora de la institución correccional no funcionaba y, gracias a mi pequeña grabadora, este libro, una transcripción de la plática que dio a los reclusos ese día, está disponible para ustedes.

Durante su plática, una de las cosas que Thây explicó a los reclusos fue cómo comer con atención plena y alegría en el momento presente, con consciencia de todos y todo lo que nos rodea. Cuando llegó la hora del almuerzo y todos nos sentamos juntos, me sorprendió ver que nuestros amigos reclusos, incluso después de escuchar la plática de Thây, aún comieron su comida rápidamente. Su energía habitual era muy fuerte. Apenas habíamos terminado de poner la comida para Thây, ¡cuando la mayoría de ellos ya había terminado su almuerzo! Al principio, temí que no comprendieran la enseñanza de Thây sobre el comer consciente. Sin embargo, al comenzar a comer, nuestros amigos reclusos empezaron a observarnos mientras disfrutábamos conscientemente de nuestra comida. Podían ver la alegría y la plena consciencia con la que Thây recogía cada bocado de comida, así como las miradas amigables que les dirigíamos de vez en cuando.

Esperaba que, después de tener la oportunidad de presenciar a Thây encarnar su enseñanza mientras comía, ellos también pudieran disfrutar de comer de manera más consciente en el futuro.

Más tarde ese día, un recluso que había pasado treinta años en prisión me preguntó que qué podía hacer para traer alegría y paz al mundo. Mirando a sus ojos, pude ver que era muy sincero.

Me volví hacia él y sonreí. "Una de las mejores cosas que puedes ofrecer a las personas a tu alrededor," le dije, "es tu manera de ser. No necesitas tener dinero en el bolsillo ni esperar a salir de la cárcel para hacer algo por el mundo. Si puedes practicar mantenerte en paz en el momento presente durante el día, siendo plenamente consciente de lo que sea que estés haciendo, la paz irradiará desde ti, y esto inspirará a las personas a tu alrededor.

Quizás haya un recluso o un guardia que actúe de manera agresiva hacia ti. Si puedes mirarlo con compasión —con amabilidad y amor— y ofrecerle una gentil sonrisa, él estará recibiendo algo muy preciado de ti. Cuando comprendes el dolor de aquellos que te causan sufrimiento y eliges dejarlo ir, el perdón vendrá naturalmente, porque la compasión estará presente. Cuando sea necesario, puedes ser firme y fuerte, pero nunca pierdas tu amabilidad ni tu belleza".

Sabía que hacer esto no sería fácil para él sin una Sangha, así que le sugerí: "¿Por qué no formas una pequeña Sangha aquí? Puedes empezar reuniendo a dos o tres amigos para hablar sobre la práctica que Thây te ha enseñado hoy. ¿Es posible hacerlo durante el tiempo de servicio religioso?"

Los ojos de mi amigo se iluminaron mientras escuchaba. "No será tan fácil como suena", respondió, "pero creo que se puede hacer".

A lo largo del día, los reclusos mostraron mucho interés en la plática de Thây e hicieron muchas preguntas. Estoy firmemente segura de que las enseñanzas y respuestas dadas a los prisioneros pueden aplicarse a cualquiera de nosotros —dentro o fuera de los muros de la prisión.

Hermana Chân Không
3 de marzo de 2002

Por calidez

QUERIDOS AMIGOS, el siguiente poema lo escribí durante la Guerra de Vietnam después de que la fuerza aérea de los Estados Unidos bombardeara el pueblo de Ben Tre. Ben Tre es el pueblo natal de mi colega, la hermana Chân Không. Las fuerzas de los Estados Unidos destruyeron por completo el pueblo porque ahí había cinco o seis guerrillas. Más tarde, un oficial declaró que se había visto forzado a bombardear y destruir Ben Tre para salvarlo del comunismo. Este poema tiene que ver con el enojo.

> *Sostengo mi rostro entre ambas manos.*
> *No, no estoy llorando.*
> *Sostengo mi rostro entre ambas manos*
> *para mantener cálida mi tristeza —*
> *dos manos protegiendo,*

dos manos nutriendo,
dos manos impidiendo,
que mi alma me abandone enojado.[1]

Estaba muy enojado. No era mi ira únicamente, sino la ira de toda una nación. La ira es una clase de energía que nos hace sufrir a nosotros mismos y a quienes nos rodean. Como monje, cuando me enojo, práctico el cuidar de mi enojo. No dejo que cause sufrimiento o que me destruya. Si cuidan bien de su enojo y son capaces de hallar alivio, podrán vivir felizmente con mucha alegría.

---

[1] Véase Thich Nhat Hanh, "For Warmth", en *Call Me by My True Names* (Berkeley, Parallax Press, 1999).

La energía de liberación

PARA CUIDAR de mi enojo pongo atención en mi respiración y miro muy profundamente en mi interior. Inmediatamente noto que hay una energía llamada enojo ahí. Luego reconozco que necesito otra clase de energía para cuidar de este enojo e invito a esa energía para que aparezca y lleve a cabo dicha tarea. Esta segunda energía se llama consciencia plena. Cada uno de nosotros lleva dentro la semilla de la consciencia plena. Si sabemos cómo tocar esa semilla, podemos comenzar a generar la energía de la plena consciencia y con esa energía podemos tener buenos cuidados de la energía del enojo.

La consciencia plena es una clase de energía que nos ayuda a ser conscientes de lo que está pasando. Todos tenemos la capacidad de tener plena consciencia . Los que practicamos a diario tenemos más capacidad de ser plenamente conscientes que los que no lo hacen. Quienes no practican poseen de todos modos la semilla de la consciencia plena, pero su energía es muy débil. La energía de la consciencia plena aumentará con simplemente practicar tres días.

La plena consciencia puede estar presente en todo lo que hacemos. Si al beber un vaso de agua son conscientes de que en ese instante están bebiendo agua, sin pensar en ninguna otra cosa, estarán bebiendo con plena consciencia. Si enfoca todo su ser, tanto cuerpo como mente, en el agua, habrá plena consciencia y concentración, y el acto de beber podrá describirse como beber con plena consciencia. No beben con la boca únicamente, sino también con su cuerpo y su consciencia. Todos son capaces de beber su agua plenamente conscientes. Así es como me enseñaron cuando era principiante.

Pueden caminar con plena consciencia dondequiera que estén. Al caminar, concentren toda su atención en el acto de caminar. Dense cuenta de cada paso que den y no piensen en nada más. A esto se le llama caminar con plena consciencia. Al hacer esto empezarán a caminar de tal manera que cada paso les traerá solidez, libertad, y dignidad. Ustedes son maestros de su propio ser.

Cada vez que tengo que ir de un lugar a otro practico la meditación caminando —aunque sólo recorra uno o dos metros. Subiendo las escaleras, practico la meditación caminando. Bajando las escaleras, practico la meditación caminando. Abordando un avión, practico la meditación caminando. Practico la meditación caminando cuando voy de mi habitación al lavabo. Practico la meditación caminando cuando voy a la cocina. No camino de ninguna otra manera —sólo camino de forma plenamente consciente. Esto me ayuda mucho. Me trae transformación, sanación y alegría.

Pueden practicar la consciencia plena mientras comen. La práctica de comer con plena conciencia les puede aportar mucha alegría y felicidad. En mi tradición, comer es una práctica profunda. Primero nos sentamos a la mesa en una posición estable y contemplamos la comida. Luego, en forma consciente, le sonreímos. Para nosotros la comida es una embajadora que ha llegado del cielo y de la Tierra. Cuando miro un ejote, puedo ver una nube flotando en su interior. Puedo ver la lluvia y el resplandor del sol. Me doy cuenta de que este ejote forma parte de la Tierra y del cielo.

Cuando como el ejote soy consciente de que lo que tengo en la boca es un ejote. No hay nada más en mi boca—no están mi tristeza ni mi miedo. Cuando mastico el ejote sólo estoy masticando un ejote—no mastico mis preocupaciones ni mi enojo. Mastico con mucho cuidado, con el cien por ciento de mi ser. Siento una conexión con el cielo, la Tierra, los agricultores que cultivan los alimentos y las personas que los preparan. La comida no sólo alimenta mi cuerpo, sino también alimenta mi alma, mi conciencia y mi espíritu.

Cultivando la libertad

PARA MÍ, no hay felicidad sin libertad y la libertad no nos la da nadie; debemos cultivarla nosotros mismos. Voy a compartir con ustedes cómo podemos conseguir más libertad para nosotros. Cultivamos nuestra libertad cuando estamos sentados, caminando, comiendo o trabajando al aire libre. La libertad es lo que practicamos cada día. Independientemente de cómo o dónde estén, si tienen libertad, son felices. Tengo muchos amigos que han estado internados en campos de trabajos forzados y, por que sabían practicar, no sufrieron demasiado. De hecho, crecieron en su vida espiritual, lo que me hace sentirme muy orgulloso de ellos.

Por libertad me refiero a ser libres de aflicciones, de enojo, de desesperanza. Si tienen enojo, deben transformarlo para recuperar su libertad.

Si tienen desesperanza, es preciso que reconozcan esa energía y que no se dejen abrumar por
ella. Deben practicar de tal forma que transfor-
men la energía de la desesperanza y alcancen
la libertad que se merecen—la liberación de la
desesperanza.

Pueden practicar la libertad en cada momento
de su vida diaria. Cada paso que den les puede
ayudar a recuperar su libertad. Cada respiro les
puede ayudar a desarrollar y cultivar su libertad.
Cuando coman, coman como personas libres.
Cuando caminen, caminen como personas
libres. Cuando respiren, respiren como personas
libres. Esto es posible en cualquier lugar.

Cultivando la libertad para sí mismos, serán
capaces de ayudar a las personas con las que
viven. Aun cuando vivan en el mismo sitio, en las
mismas condiciones físicas y materiales, serán
personas mucho más libres y más sólidas. Al ver
cómo caminan, cómo se sientan y cómo comen,
la gente se quedará impresionada. Verán que la
alegría y la felicidad son posibles para ustedes y

querrán ser igual que ustedes puesto que serán maestros de sí mismos, sin ser mas víctimas del enojo, de la frustración ni de la desesperanza. La práctica que he adoptado como monje budista es la práctica de la libertad. Cuando me hice novicio mi maestro me dio un pequeño libro titulado *Accediendo a la libertad: un manual para un monje novicio.*

La capacidad de inhalar y de exhalar es un milagro. Quien yace en su lecho de muerte no es capaz de respirar libremente y no tardará en dejar de respirar. Pero yo estoy vivo. Puedo inhalar y tomar consciencia de mi inhalación; puedo exhalar y tomar consciencia de mi exhalación. Sonrío a mi exhalación y soy consciente de que estoy vivo. Al inhalar, háganlo conscientemente. "Inhalando, sé que ésta es mi inhalación". Nadie puede impedir que disfruten de su inhalación. Al exhalar, sean conscientes de que se trata de su exhalación. Respiren como personas libres.

Para mí, estar vivo es un milagro. Es el mayor milagro posible. Sentir que están vivos y que están respirando es realizar un milagro— uno que pueden llevar a cabo en cualquier momento. Sentir que están vivos y que dan un paso es un milagro. Lin Chi, un reconocido instructor de meditación que vivió en el siglo noveno, dijo que el milagro no es caminar sobre el agua, sino sobre la Tierra.

Todo el mundo camina sobre la Tierra, pero hay quienes caminan como esclavos, sin libertad alguna. Se dejan arrastrar hacia el futuro o el pasado y no son capaces de vivir en el aquí y en el ahora, donde está disponible la vida. Si en nuestra vida diaria nos dejamos atrapar por nuestras preocupaciones, nuestra desesperanza, nuestros remordimientos del pasado y nuestros temores sobre el futuro, no somos personas libres. No somos capaces de establecernos en el aquí y en el ahora.

Tocando los milagros

DE ACUERDO CON BUDA, mi maestro, la vida sólo está disponible en el aquí y en el ahora. El pasado ya se ha ido y el futuro no ha llegado aún. Sólo hay un momento que puedo vivir —el momento presente. Así que lo primero que hago es regresar al momento presente. Haciendo esto toco la vida profundamente. Mi inhalación es vida, mi exhalación es vida. Cada paso que doy es vida. El aire que respiro es vida. Puedo tocar el cielo azul y la vegetación. Puedo oír el sonido de las aves y el sonido de otro ser humano. Si somos capaces de regresar al aquí y al ahora, seremos capaces de tocar muchas maravillas de la vida que están a nuestra disposición.

Muchos entre nosotros pensamos que la felicidad no es posible en el momento presente. La mayoría de nosotros cree que hay ciertas condiciones más que deben cumplirse antes de que seamos felices. Es por este motivo que nos dejamos arrastrar hacia el futuro y que no somos capaces de estar presentes en el aquí y en el ahora. Si huimos una y otra vez hacia el futuro, no somos capaces de conectar con las numerosas maravillas del momento presente— no podemos estar en el momento presente donde hay sanación, transformación y alegría.

Usted es un milagro

CUANDO COMO UNA NARANJA, puedo hacerlo como un acto de meditación. Sosteniendo la naranja en la palma de mi mano, la miro conscientemente. Me tomo mi tiempo para mirar la naranja de forma plenamente consciente. "Inhalando, hay una naranja en mi mano. Exhalando, sonrío a la naranja". Para mí la naranja no es ni más ni menos que un milagro. Cuando miro una naranja en el aquí y en el ahora, la puedo ver con mis ojos espirituales —el azahar, la luz del sol y la lluvia sobre las flores, la minúscula naranja verde, y luego al árbol trabajando conforme pasa el tiempo para que la naranja crezca a su potencial máximo. Miro la naranja que hay en mi mano y sonrío. No es ni más ni menos que un milagro. Inhalando y exhalando conscientemente me vuelvo plenamente presente y plenamente vivo— y entonces me veo como un milagro.

Queridos amigos, no son ni más ni menos que un milagro. Hay momentos en que creen que no valen nada. Pero no son ni más ni menos que un milagro. El hecho de estar aquí —con vida y capacidad de inhalar y exhalar demuestra de sobra que son un milagro. Un ejote contiene todo el cosmos— la luz del sol, la lluvia, la Tierra entera, el tiempo, el espacio y la consciencia. También ustedes contienen todo el cosmos. Contenemos el Reino de Dios, la Tierra Pura de Buda, en cada célula de nuestro cuerpo. Si sabemos cómo vivir, el Reino de Dios se nos manifestará en el aquí y en el ahora. Con un paso podemos entrar en el Reino de Dios. No tenemos que morir para entrar en el Reino de Dios; de hecho, debemos estar muy vivos. El infierno está también en cada célula de nuestro cuerpo. Sólo tenemos que elegir. Si regamos sin cesar la semilla del infierno en nosotros cada día, el infierno será la realidad en la que vivamos cada día. Pero si sabemos cómo regar la semilla del Reino de Dios que hay en nosotros cada momento de nuestra vida, entonces el Reino de Dios se convertirá en la realidad en que vivamos cada momento de nuestra vida. Ésta es mi experiencia.

No hay ningún día en que no camine en el Reino de Dios. Aunque me halle en este sitio o en algún otro, siempre soy capaz de caminar con plena consciencia y el suelo que hay bajo mis pies siempre es la Tierra Pura de Buda. Nadie me puede privar de eso. Para mí el Reino de Dios es cuestión de ahora o nunca. No se halla en el tiempo ni en el espacio; se halla en nuestros corazones. Es necesario que desarrollen la caminata consciente y tocar la Tierra como si fuera un milagro. Si saben regresar al aquí y al ahora, si saben tocar el Reino de Dios en cada célula de su cuerpo, se les manifestará inmediatamente en el aquí y en el ahora.

La libertad
es posible ahora

PARA TOCAR el Reino de Dios necesitan un poco de entrenamiento y un amigo —un hermano o una hermana cuya propia práctica les pueda ayudar. Cuando vemos a alguien caminando conscientemente y disfrutando cada paso que da, nos motiva a regresar a nosotros mismos y a hacer lo mismo. Un recluso me escribió a Francia diciéndome que había leído mis libros y aprendido a practicar la meditación caminando en la prisión. Me dijo que siempre sube y baja las escaleras conscientemente y que disfruta cada paso que da. Desde que empezó esta práctica, su vida se ha vuelto más agradable. Cuando ve a otros reclusos subiendo y bajando las escaleras a toda carrera —sin nada de estabilidad o solidez, calma o alegría— quisiese que pudieran aprender a meditar caminando como él porque cada paso que da le nutre y transforma.

Caminen como personas libres. Caminen de tal forma que cada paso les aporte más dignidad, libertad y estabilidad, y la alegría y la compasión nacerán en sus corazones. Se darán cuenta de que otras personas no caminan así, que están poseídas por su enojo, su miedo y su desesperanza. Quizá esto les motive a querer ayudarles a aprender a vivir en el momento presente, a sentarse y a caminar como lo hace una persona libre. Una persona que se sienta, camina, come y respira como persona libre puede tener un impacto en todo su entorno.

La primera vez que vine a Occidente ya estaba practicando la plena consciencia. Vine para tratar de detener la destrucción de vidas humanas en mi país. Era sólo una persona en ese entonces. Dondequiera que fuese practicaba caminando y respirando de forma consciente, encarnando la práctica. Conforme iba haciendo amistades aquí, más y más personas se me

unieron pidiendo que se pusiera fin a las atroci-
dades que se estaban cometiendo en Vietnam.
Hoy tengo miles y miles de amigos que practican la plena consciencia en todo el mundo. Los
que practican a diario han podido transformar
su vida y alimentar su compasión y su capacidad
de perdonar. Haciendo esto han podido reducir
el sufrimiento de quienes les rodean.

Caminen como personas libres

CUANDO PUSE un pie en el recinto de la prisión esta mañana caminé de forma muy consciente. Me di cuenta de que la calidad del aire era idéntica a la calidad del aire afuera. Cuando miré hacia el cielo, era exactamente el mismo que el cielo de afuera. Cuando miré el césped y las flores, también me parecieron idénticos al césped y a las flores de afuera. Cada paso que di me aportaba la misma clase de solidez y libertad que había experimentado afuera. No hay nada que pueda impedir que practiquemos con éxito y que esto nos dé libertad y solidez.

Cuando caminen, inhalen, dando dos o tres pasos, pronuncien el nombre de un ser querido, el de alguien que les pueda dar un sentimiento de frescura, compasión y amor. Pronuncien su nombre cada vez que den un paso. Supongamos que digo el nombre David. Cuando inhalo, doy dos pasos y digo "David, David" quedito. Al decir su nombre, David estará conmigo. Camino con paz y libertad para que David camine en paz y libertad al mismo tiempo conmigo. Cuando exhalo, doy dos pasos más y digo "Aquí estoy, aquí estoy". Así, no sólo está David para mí, sino que yo también estoy para él. "David, David. Aquí estoy, aquí estoy". Estoy totalmente concentrado en los actos de caminar y respirar. Mi mente no está pensando en nada más.

Pueden llamar a la Tierra. "Tierra, Tierra. Aquí estoy, aquí estoy". La Tierra es nuestra madre y siempre está aquí para nosotros. Ella nos ha producido, nos ha dado la vida y ella nos acogerá y nos volverá a traer una y otra vez, innumerables veces. Por tanto, cuando digo "Tierra", llamo a la consciencia que es el fundamento de mi ser. "Aquí estoy, aquí estoy". Si practican de esta manera unas pocas semanas o unos pocos meses, se empezarán a sentir mucho mejor.

La práctica tiene por objeto conectar con elementos maravillosos que llevan dentro —que nos renuevan y sanan. Sin plena consciencia en nuestra vida diaria tendemos a dar cabida a elementos dañinos para nuestro cuerpo y nuestra consciencia. El Buda dijo que nada puede sobrevivir sin alimento; nuestra alegría no puede sobrevivir sin alimento, tampoco nuestra tristeza ni nuestra desesperanza.

Si nos angustiamos es porque hemos alimentado nuestra desesperanza con el alimento con la que prospera . Si estamos deprimidos, Buda recomienda que examinemos a fondo la naturaleza de nuestra depresión para determinar la fuente de alimento que empleamos para nutrirla. Una vez que la fuente de nutrientes ha sido determinada, deténgalo, y la depresión desaparecerá en una semana o dos. Sin plena consciencia en nuestra vida diaria alimentamos nuestra ira y desesperanza mirando o escuchando cosas muy tóxicas que nos rodean. Consumimos muchas toxinas cada día; lo que vemos en la televisión o leemos en revistas puede nutrir nuestra ira y desesperanza. Pero si inhalamos y exhalamos conscientemente y nos damos cuenta de que no son las clases de cosas que queremos consumir, dejaremos de consumirlas. Vivir conscientemente significa cesar de ingerir estas clases de venenos. En vez de esto decidan mantenerse en contacto con lo que es maravilloso, renovador, y sanador dentro de ustedes y en su entorno.

Momento maravilloso

LES QUIERO OFRECER un ejercicio de respiración. Estoy seguro de que si lo hacen en momentos difíciles, encontrarán alivio.

Inhalando, sé que estoy inhalando; exhalando, sé que estoy exhalando.
nhalando, observo que mi inhalación se vuelve más profunda; exhalando, observo que mi exhalación se vuelve más lenta.
Inhalando, me calmo; exhalando, me tranquilizo.
Inhalando, sonrío; exhalando, suelto.
Inhalando, vivo en el momento presente; exhalando, sé que éste es un momento maravilloso.

Estos versos se pueden resumir como sigue:

Inhalo, exhalo; profundo, lento;
Calma, tranquilidad; sonrío, suelto;
Momento presente, momento maravilloso.

Primero practicamos "dentro, fuera". Al inhalar decimos "dentro", en silencio, para nutrir la conciencia de que estamos inhalando. Cuando exhalamos decimos "fuera", conscientes de que estamos exhalando. Cada palabra es una guía para regresar a nuestra respiración en el momento presente. Podemos repetir "dentro, fuera" hasta que nuestra concentración sea pacífica y sólida.

Luego decimos "profundo" con la próxima inhalación, y "lento" con la exhalación siguiente. Cuando respiramos conscientemente nuestra respiración se vuelve más profunda y más lenta, más pacífica y agradable. Continuamos respirando, "profundo, lento, profundo, lento," hasta que nos apetezca pasar a la frase siguiente, que es "calma, tranquilidad".

"Calma" significa que calmamos nuestro cuerpo, traemos paz a nuestro cuerpo. Inhalando, incorporó el elemento de calma. Si tenemos un sentimiento o una emoción que nos hace sentir menos pacíficos, entonces calmarse significa calmar ese sentimiento o esa emoción.

Inhalando, calmo mis emociones. Inhalando, calmo mis sentimientos. Al exhalar decimos "tranquilidad", lo que significa hallarse ligero, relajado, y sentir que nada es tan importante como nuestro bienestar.

Cuando hemos perfeccionado "calma, tranquilidad" pasamos a "sonrío, suelto". Al inhalar, aunque no sintamos mucha alegría en ese momento, de todos modos podemos sonreír. Cuando sonreímos nuestra alegría y nuestra paz se afianzan aún más y la tensión se desvanece. Cuando exhalamos, decimos "suelto". Soltamos lo que nos está haciendo sufrir —una idea, un temor, una preocupación, el enojo.

Por último, volvemos a "momento presente, momento maravilloso". "Inhalando, vivo el momento presente. Exhalando, siento que éste es un momento maravilloso". Recuerden que Buda dijo que el momento presente es el único momento en que la vida está a nuestra disposición. Por tanto, para tocar la vida profundamente debemos regresar al momento presente.

Nuestra respiración es como un puente que conecta nuestro cuerpo y nuestra mente. En nuestra vida diaria es posible que nuestro cuerpo esté en un sitio y nuestra mente en otro —en el pasado o en el futuro. Esto se llama estado de distracción. La respiración es un nexo entre el cuerpo y la mente. Cuando empiecen a inhalar y a exhalar de forma plenamente consciente, su cuerpo regresará a su mente y su mente regresará a su cuerpo. Serán capaces de percibir la unidad del cuerpo con la mente y de estar totalmente presentes y vivos en el aquí y en el ahora. Estarán en condiciones de tocar la vida profundamente. Esto no es difícil. Cualquiera lo puede hacer.

La práctica de sonreír

EL EJERCICIO "inhalando, sonrío" les puede llevar a preguntar "¿por qué debo sonreír si no hay alegría en mí?" La respuesta es: sonreír es una práctica. Hay más de 300 músculos en el rostro. Cuando están enojados o temerosos, estos músculos se tensan. La tensión de estos músculos crea un sentimiento de dureza. Sin embargo, si saben inhalar y dibujar una sonrisa en su rostro, la tensión desaparecerá —a esto lo llamo "yoga de la boca". Hagan del sonreír un ejercicio. Basta con inhalar y sonreír— la tensión desaparecerá y se sentirán mejor.

A veces su alegría produce una sonrisa. También hay veces en que una sonrisa trae relajación, calma y alegría. Yo no espero hasta estar alegre para sonreír; la alegría vendrá más tarde. A veces, cuando estoy solo en mi habitación a oscuras, practico el sonreírme a mí mismo. Hago esto para ser bondadoso conmigo mismo, para cuidarme, para amarme. Sé que si no soy capaz de cuidarme a mí mismo, no soy capaz de cuidar a nadie más.

Ser compasivos con ustedes mismos es una práctica muy importante. Cuando estén cansados, enojados, o angustiados, deben saber cómo regresar a sí mismos y cuidar de su cansancio, de su enojo y de su desesperanza. Es por este motivo que practicamos el sonreír, el caminar, el respirar y el comer conscientemente.

Cuando sienten agradecimiento, no sufren

OBSERVO QUE en los Estados Unidos, donde tanto abundan los alimentos y hay tantas cosas que comer, no hay mucho tiempo para comer. El comer puede ser un acto muy alegre y no hace falta comer mucho para estar sano.

Cuando tomo mis alimentos —con palillos o un tenedor— me detengo un momento a mirarlos. Me basta una fracción de segundo para identificarlos. Si estoy en el aquí y en el ahora, reconoceré los alimentos de inmediato —ya se trate de una zanahoria, de un ejote o de un pan. Les sonrío, me los llevo a la boca y los mastico siendo plenamente consciente de lo que estoy comiendo. La plena consciencia es siempre consciencia de algo, y mastico los alimentos de forma que la vida, la alegría, la solidez, y la ausencia de miedo se vuelven posibles. Después de veinte minutos de comer, me siento nutrido —no sólo en sentido físico, sino también mental y espiritual. Ésta es una práctica muy, muy profunda.

En Plum Village nos damos tiempo para comer. Comemos como comunidad. Todos se sientan de forma bella y esperamos para empezar a comer juntos. Cuando hay un hermano o una hermana comiendo con plena consciencia a la derecha y a la izquierda, uno se siente apoyado en su práctica de comer con plena consciencia. Al principio de cada comida practicamos las Cinco Contemplaciones.

Las Cinco Contemplaciones

Estos alimentos son un regalo de todo el universo,
de la Tierra, del cielo, y de mucho arduo trabajo.
Que podamos comerlos de forma que seamos dignos
de recibirlos.
Que podamos transformar nuestros estados mentales
inhábiles y aprender a comer con moderación.
Que comamos únicamente alimentos que nos nutran
y prevengan la enfermedad.
Aceptamos estos alimentos para realizar el camino
de la comprensión y del amor.

La Primera Contemplación implica ser consciente de que nuestros alimentos vienen directamente de la Tierra y del cielo —son un regalo de la Tierra y del cielo, y también de quienes los preparan.

La Segunda Contemplación tiene que ver con el hecho de ser dignos de los alimentos que comemos. La manera de ser dignos de nuestros alimentos es comer con plena consciencia —ser conscientes de su presencia y de estar agradecidos de tenerlos. Tomen, por ejemplo, el ejote. La Tierra y el cielo han tardado muchos meses en producir un ejote. Es una lástima si lo miramos y no somos capaces de ver que es un milagro de la vida. La energía de la plena consciencia nos puede ayudar a ver lo maravillosos que son nuestros alimentos mientras comemos. No nos podemos permitir perdernos en nuestros miedos, preocupaciones, o enojos del pasado o del futuro. Estamos presentes para los alimentos porque ellos están presentes para nosotros; es simplemente lo justo. Coman con plena consciencia y serán dignos de la Tierra y del cielo.

La Tercera Contemplación tiene que ver con tomar consciencia de nuestras tendencias negativas y con no dejarnos arrastrar por ellas. Necesitamos aprender a comer con moderación, a comer la cantidad apropiada de alimento. En Plum Village cada uno de nosotros tiene un tazón para comer y, cada vez que nos servimos, sabemos exactamente cuánto necesitamos realmente. El tazón que un monje o una monja utiliza resulta ser un instrumento de medición adecuado. Es muy importante no comer en exceso. Si comen despacio y mastican con mucho cuidado, recibirán nutrición más que suficiente. La cantidad justa de alimento es la que nos ayuda a estar sanos.

La Cuarta Contemplación tiene que ver con la calidad de nuestros alimentos. Estamos comprometidos a consumir únicamente alimentos que no contengan sustancias tóxicas para nuestro cuerpo y nuestra consciencia. Prometemos comer únicamente las clases de alimentos que nos mantienen en buena salud y nutren nuestra compasión, y evitamos los tipos de alimentos que contienen o introducen toxinas en nuestro cuerpo y hacen que nos volvamos menos compasivos. Esto es comer con plena consciencia. Buda dijo que si comen de una forma que destruye la compasión en ustedes es como si se comieran la carne de sus propios hijos o hijas. Practiquen el comer de forma que puedan conservar la compasión viva en ustedes.

La Quinta Contemplación es ser consciente de que recibimos los alimentos para realizar algo. Nuestras vidas deben tener sentido, y este sentido es ayudar a la gente a sufrir menos—ayudar a la gente a tocar las alegrías de la vida. Cuando hay compasión en nuestros corazones, cuando sabemos que somos capaces de hacer que alguien sufra menos, la vida empieza a tener más sentido. Este es un alimento muy importante para nosotros.

Una sola persona es capaz de ayudar a muchos seres vivos. Mi colega, la hermana Chân

Không, ha trabajado por muchos años con la gente pobre, los huérfanos, y los que padecen hambre. Ha ayudado a miles y miles de personas quienes, gracias a su labor, sufren menos. Esto le aporta mucha alegría y da sentido a su vida. Esto puede ser así para todos nosotros, en cualquier parte y en cualquier momento. El solo hecho de decirle a alguien unas pocas palabras que le ayuden a sufrir menos puede dar sentido a nuestra vida. Y es algo que podemos hacer en cualquier parte.

Cuando nuestra vida tiene sentido, la felicidad se convierte en una realidad y ustedes se convierten en bodhisattvas aquí y ahora. Un bodhisattva es alguien que tiene compasión dentro de sí y es capaz de hacer sonreír o sufrir menos a otra persona. Todos somos capaces de hacer esto.

La compasión como factor liberador

CADA MOMENTO de nuestra vida puede ser un momento de práctica. Aunque estén esperando la comida o en fila para ser contados, siempre pueden practicar el respirar o sonreír con plena consciencia. No desperdicien ni un momento de su vida cotidiana. Cada momento es una oportunidad para cultivar su solidez, su paz y su alegría. Y al cabo de unos días empezarán a ver que la gente se beneficia de su presencia. Su presencia puede convertirse en la presencia de un bodhisattva, de un santo. Esto es posible. Hay un relato que leí cuando tenía siete años. Se trataba de un Jataka, esto es, de un relato sobre una vida pasada de Buda. Este relato trata de una de sus vidas pasadas, antes de convertirse en Buda, cuando estaba en el infierno. El guardia que estaba a cargo de los reclusos en el infierno no parecía tener ninguna compasión. Llevaba un gran tridente y cada vez que alguien hacía algo prohibido, se lo clavaba en el pecho. Aun cuando este trato hacía sufrir mucho a los reclusos, no podían morir. Este era su castigo, sufrían, pero no morían.

Un día se obligó a los reclusos a portar cargas pesadas al hombro. Con tridente en mano el guardia empezó a darles empujones para que se movieran más deprisa. Buda (en esta vida pasada) vio que uno de los reclusos no podía evitar quedarse atrás y que el guardia empezaba a meterse con él, amenazándole con su tridente para que avanzara más deprisa. En ese momento algo nació en Buda. Quería intervenir, enfrentarse al guardia, aun cuando sabía que el guardia se volvería contra él. Si su intervención hubiese resultado en su muerte, hubiese intervenido de buena gana. Pero el tipo de castigo que podía esperar a cambio no le acarrearía la muerte, sino sólo más sufrimiento. Pese a esto se acercó valerosamente al guardia y le dijo: "¿Acaso no tienes corazón? ¿Por qué no le das tiempo para que lleve su carga?" Nada más oír esto el guardia clavó el tridente en el pecho de Buda, quien murió al instante y volvió a nacer como ser humano.

Se necesitó valor para que Buda se levantara y mirara al guardia directamente a la cara por el bien de su compañero prisionero. Vio injusticia y, como resultado de sentir tanto sufrimiento, la compasión nació en su corazón. Por eso murió al instante y nació como ser humano. A partir de entonces, Buda empezó a practicar hasta que se convirtió en una persona totalmente iluminada, un Buda. Así que incluso Buda, en una de sus vidas pasadas, había llegado hasta el fondo del sufrimiento. Pero, gracias a la compasión nacida de su corazón, fue capaz de liberarse de su situación.

Yo mismo he sufrido mucho y puedo decirles que la compasión les puede liberar de la situación más difícil. Lo que nos ayuda y muestra

cómo salir de las situaciones más difíciles es la
energía de la compasión. Hubo una época en
que trajimos barcos al Golfo de Siam para rescatar a los refugiados del mar. Esta labor puede
ser muy peligrosa porque hay muchos piratas
en el mar. Sin embargo, como creíamos que la
mejor autodefensa es la compasión y no la violencia, nunca llevábamos pistolas a la hora de
rescatar gente, sólo compasión. Según las enseñanzas y la práctica que yo sigo, la compasión
es el medio más eficaz de protección personal.

En los círculos budistas hablamos de Avalo-
kiteshvara, el bodhisattva de la compasión y
la escucha profunda. El bodhisattva se puede
manifestar como mujer, hombre, niño, político o
esclavo, pero la principal característica del bodhisattva es siempre la misma —la presencia de
compasión en su corazón. En una ocasión Ava-
lokiteshvara se manifestó como un fantasma
hambriento de rostro muy feroz. Asumió el
aspecto de fantasma hambriento para ayudar a
otros fantasmas hambrientos, pero en verdad era

un ser compasivo. Muchos de nosotros tememos ser atacados y a veces pretendemos ser duros y crueles para protegernos, aun cuando en nuestro interior tengamos comprensión y compasión. Sin compasión, sufrimos mucho, y hacemos sufrir a quienes nos rodean. Con compasión, podemos relacionarnos con otros seres vivos y ayudarles a sufrir mucho menos.

Si la energía de la compasión habita en ustedes, viven en el sitio más seguro de todos. La compasión se puede expresar en sus ojos, en la forma en que actúan o reaccionan, en la manera en que caminan, se sientan, comen o en que se relacionan con otras personas. Es la mejor forma de protección personal. Esto también puede ser contagioso. Es muy maravilloso sentarse cerca de alguien que tiene compasión en su corazón. Con compasión en el corazón conseguirán que uno o dos amigos sigan su ejemplo —porque todos necesitamos compasión y amor. Dos personas juntas pueden protegerse una a la otra y a las personas alrededor de ellas también.

Nuestra práctica consiste en cultivar la compasión en la vida cotidiana. Gracias a la práctica de la compasión, abrimos nuestro corazón a una persona, y luego a otra y, finalmente, cuando la compasión está presente, cualquier sitio puede ser un sitio agradable para vivir. Cuando el elemento de la alegría entra en nuestro cuerpo y en nuestra consciencia, juntos hallamos la paz y la alegría aquí y ahora mismo.

La comprensión hace posible la compasión

LA COMPRENSIÓN es la sustancia con la que fabricamos la compasión. ¿A qué clase de comprensión me refiero? A la comprensión de que el otro también sufre. Cuando sufrimos tendemos a creer que somos víctima de otras personas, que somos los únicos que sufren. Esto no es cierto —la otra persona también sufre. También tiene sus dificultades, sus miedos y sus preocupaciones. Si sólo fuéramos capaces de ver el dolor que hay en él o en ella, empezaríamos a comprenderlos. Una vez que la comprensión está presente, la compasión se vuelve posible.

¿Tenemos tiempo suficiente para analizar la condición de la otra persona? La otra persona puede ser otro recluso como nosotros o un guardia. Si observamos, podemos ver que hay mucho sufrimiento en él. Quizás no sepa manejar su sufrimiento. Quizás permite que su sufrimiento crezca porque no sabe cómo manejarlo, lo que le provoca sufrimiento tanto a él como a los que lo rodean. Con esta clase de consciencia, empezarán a comprender, y la comprensión dará pie a su compasión. Si hay compasión en ustedes, sufrirán menos, y les motivará el deseo de hacer algo —o de no hacer nada— para que esa persona sufra menos. Su manera de mirarle o sonreírle podrá ayudarle a sufrir menos y hará que tenga fe en la compasión.

Yo describiría mi práctica como la práctica de cultivar la compasión. Pero sé que la compasión no es posible sin comprensión. Y la comprensión sólo es posible si tienen tiempo para observar profundamente. Meditar significa observar profundamente para comprender. En el monasterio donde vivo, tenemos mucho tiempo para hacer el trabajo de observar profundamente. En un centro correccional hay también mucho tiempo y muchas posibilidades para observar profundamente. Es un entorno muy propicio para la práctica de observar compasivamente para que la compasión pueda crecer como factor liberador. Estoy convencido de que si uno de ustedes, o diez o veinte, practican la observación compasiva, podrán transformar este lugar en muy poco tiempo. Pueden traer el paraíso aquí mismo.

Para mí, el paraíso es un lugar donde hay compasión. Cuando hay compasión en sus corazones, sólo necesitan inhalar, exhalar y observar profundamente, y la comprensión vendrá. Se comprenderán a sí mismos y serán compasivos con ustedes mismos —sabrán manejar su sufrimiento y cuidar de ustedes mismos. Luego, serán capaces de ayudar a otra persona a hacer lo mismo, y la compasión crecerá entre ustedes. De esta manera se convierten en un Buda, en un bodhisattva que trae compasión a su entorno

y convierte el infierno en paraíso. El Reino de
Dios es ahora o nunca. Esto es muy cierto. Y es
posible que tengan más posibilidades de practicar que muchos de nosotros. ¿Qué les parece?

El arte de manejar
una tormenta

CUANDO VIENE una tormenta, ésta permanece por un tiempo y luego se va. Una emoción es así también—viene, se queda un rato y luego se va. Una emoción es sólo una emoción. Somos mucho, mucho más que una emoción. No morimos de una emoción. Así que cuando noten que una emoción empieza a aparecer, es muy importante que se sienten en una postura estable o que se acuesten, que es también una posición muy estable. Luego, concentren su atención en el vientre. La cabeza es como la punta de un árbol en una tormenta. Yo no me quedaría ahí. Bajen su atención al tronco del árbol, donde hay estabilidad.

Una vez concentrada su atención en el vientre, llévenla más abajo, justo debajo del ombligo, y empiecen a practicar la respiración consciente. Inhalando y exhalando profundamente, observen como el abdomen sube y baja. Tras practicar de esta manera unos diez, quince o veinte minutos, verán que son fuertes —suficientemente fuertes como para resistir la tormenta. En esta posición, sentados o acostados, limítese a aferrarse a su respiración, como quien se aferra a su chaleco salvavidas en medio de una tormenta. Al cabo de un rato la emoción se irá.

Esta es una práctica muy eficaz, pero les ruego recordar una cosa: no esperen a sentir una emoción fuerte para practicar. Si hacen esto no recordarán cómo practicar. Deben practicar ahora, hoy, mientras se sienten bien, cuando no estén lidiando con ninguna emoción fuerte. El momento de empezar a practicar es ahora. Pueden practicar diez minutos al día. Siéntense y practiquen concentrando su atención en el vientre mientras inhalan y exhalan. Si hacen esto tres semanas, veintiún días, se convertirá en un hábito. Luego, cuando se sienten enojados o abrumados por la angustia, se acordarán de practicar sin esfuerzo. Habiendo tenido éxito, tendrán fe en la práctica y serán capaces de decir a su emoción: "Bien, si vuelves a aparecer por aquí, volveré a hacer exactamente lo mismo". No sentirán miedo porque sabrán lo que tienen que hacer.

Practiquen regularmente. Una vez que su práctica se haya convertido en un hábito, cuando no practiquen les dará la impresión de que les falta algo. Su práctica les traerá bienestar y estabilidad. Además, tendrá efectos positivos en su salud. Ésta es la mejor clase de protección personal que se pueden ofrecer. Yo siempre pienso que la energía de la plena consciencia es la energía del Buda, la energía de Dios, del Espíritu Santo, que llevamos dentro de nosotros y nos protege en todo momento. Cada vez que tocan la semilla de la plena consciencia y practican la respiración consciente, la energía de Dios, la energía del Buda están ahí con ustedes para protegerles.

Una vez que hayan aprendido a practicar, quizá les apetezca explicarle a un amigo o a un pariente o a sus hijos, si es que los tienen, cómo practicar. Conozco madres que practican con sus hijos. Toman al niño de la mano y le dicen "Respira conmigo cariño. Inhalando, soy consciente de que mi abdomen sube. Exhalando, soy consciente de que mi abdomen baja". Guían a sus hijos para que respiren con ellas hasta que se sobreponen a su emoción.

Si saben practicar, podrán generar la energía de la estabilidad y serán capaces de tomar la mano de otra persona y transmitirle la energía de su estabilidad. Podrán ayudar a esa persona a salir del ojo del huracán; puede incluso que ayuden a salvarle la vida a alguien. Hoy son muchos los jóvenes que no saben manejar sus emociones. El número de personas que se suicida es enorme. Este ejercicio es sencillo, pero muy importante.

Sonrían a
su energía habitual

EN CADA uno de nosotros hay una fuerte energía llamada energía habitual En sánscrito la
energía habitual se llama vasana. Cada uno de
nosotros tiene energías habituales que nos llevan a decir y hacer cosas que no queremos decir
o hacer. Estas energías habituales son perjudiciales para nosotros y nuestras relaciones con
otras personas. En el plano intelectual sabemos
que decir o hacer determinada cosa provocará
mucho sufrimiento y, sin embargo, lo hacemos
de todos modos. Y una vez que lo dicen o hacen,
el daño está hecho. Luego lo lamentan. Se gol-
pean el pecho y se tiran de los pelos. Dicen "no
volveré a decir o hacer eso". Pero si bien lo dicen
sinceramente, la próxima vez que se presenta la
situación, vuelven a decir o hacer lo mismo. Este

es el poder de la energía habitual, que quizá les hayan transmitido sus padres o antepasados. La respiración consciente les puede ayudar a reconocer la energía habitual cuando aparece. No hace falta que luchen contra esta energía; sólo deben reconocerla como suya y sonreírle. Esto es suficiente. "Hola, energía habitual mía. Sé que estás ahí, pero no me puedes hacer nada". Le sonríen y a partir de ese momento son libres. Ésta es una protección maravillosa. Por eso digo que la plena consciencia es la energía de Dios, la energía de Buda, que nos protege.

Para que la energía de la plen consciencia les sirva, es muy importante que practiquen cada día la práctica de caminar conscientemente y de respirar conscientemente. Cuando la energía habitual se empiece a manifestar, sigan respirando, reconozcan y digan: "Hola, energía habitual mía. Sé que estás ahí, pero soy libre. No me vas a inducir más a decir o hacer esas cosas". Ésta es la forma en que se adquiere una manera distinta de reaccionar —crean una energía habitual positiva para sustituir la energía habitual negativa.

Nuestras relaciones con otras personas son cruciales para nuestra felicidad. A veces tratamos mal a otros o nos tratamos mal a nosotros mismos debido a nuestra energía habitual. Debiéramos tratarnos con respeto, ternura, y compasión. Esto es muy importante. Si sabemos tratar a nuestro cuerpo y a nuestros sentimientos con respeto, seremos capaces de tratar a otras personas con el mismo respeto. De esta manera creamos paz, libertad, y felicidad en el mundo. Cada uno de nosotros es capaz de hacer esto. Sólo necesitamos un poco de entrenamiento. Es una suerte tener un amigo que sepa practicar. Cuando dos personas practican, se pueden ayudar en la práctica de cultivar la energía llamada plena consciencia —la plena consciencia de caminar, la plena consciencia de respirar, la plena consciencia de comer. Cada momento de nuestra vida cotidiana puede emplearse para cultivar la plena consciencia —la energía de Buda, del Espíritu Santo. Dondequiera que se halle el Espíritu Santo, hay entendimiento, perdón, y compasión. La energía de la plena consciencia tiene la misma naturaleza. Si saben generar esta energía, se vuelven verdaderamente presentes, vivos, y se vuelven capaces de comprender. Con comprensión se volverán compasivos, y esto lo cambiará todo.

Preguntas y respuestas

SI TIENEN alguna pregunta sobre la práctica de la plena consciencia, las contestaré ahora con mucho gusto.

P: ¿Se ha enojado alguna vez? ¿Cuándo fue la última vez que se enojó?

R: Como ser humano llevo en mí la semilla del enojo, pero gracias a la práctica soy capaz de manejar mi enojo. Si el enojo se manifiesta en mí, sé como cuidarlo. No soy un Santo, pero como sé practicar, ya no soy víctima de mi enojo.

P: ¿Cuánto se tarda en llegar a practicar con éxito?

R: No es cuestión de tiempo. Si lo hacen correctamente y con placer, pueden tener éxito rápidamente, pero si dedican mucho tiempo a practicar y no lo hacen correctamente, no consiguen nada. Es como la respiración consciente. Si la practican correctamente, la primera inhalación les puede aportar algo de alivio y alegría. Pero si no la practican correctamente, tres o cuatro horas no les traerán el efecto buscado. Es bueno tener un amigo, un hermano o una hermana que practique con éxito y les ayude y apoye.

También pueden hacerlo solos. Al inhalar, permítanse hacerlo en forma natural. Concentren toda su atención en la inhalación. Al exhalar, permítanse exhalar en forma normal. Solamente tengan consciencia de su exhalación; no interfieran con ella. No usen la fuerza. Si se permiten inhalar y exhalar de forma natural y toman consciencia de su respiración, habrá mejoría en apenas quince o veinte segundos. Empezarán a sentir placer inhalando y exhalando.

En una ocasión dirigí un retiro en Montreal, Canadá. Después de la primera sesión de meditación caminando, una mujer se me acercó y me preguntó "Thay, ¿me darías permiso para compartir la práctica de la meditación caminando con otras personas?" Desde su venida a este país hace siete años, no había conseguido caminar con tanta serenidad y paz como las que había experimentado al cabo de sólo una sesión de meditación caminando en el retiro. Le resultaba tan sanador, tan refrescante, que quería compartir esta práctica de caminar conscientemente con otras personas. "¿Por qué no?", le dije. Esta mujer demuestra que al cabo de una hora de meditación caminando una persona es capaz de hallar alivio y alegría. Pero esto no se mide en tiempo. Ya se trate de respirar conscientemente, de caminar conscientemente, de comer conscientemente o de trabajar conscientemente, si perciben el efecto de inmediato y éste es placentero, la práctica es correcta.

P: ¿Cuánto tiempo debo dedicar a la práctica?

R: La clase de meditación que yo propongo se puede hacer en cualquier momento. Andando de un lugar a otro pueden practicar las técnicas del caminar con plena consciencia. Cuando hacen su trabajo pueden practicar trabajando con plena consciencia. Al comer su almuerzo pueden practicar comiendo con plena consciencia. No hace falta que fijen una hora determinada para practicar; se puede practicar en cualquier momento del día.

Ahora bien, si la situación lo permite, pueden reservar una hora para hacer determinadas cosas —como despertar quince minutos antes para disfrutar de quince minutos de meditación sentados. O antes de dormir, incluso cuando hayan apagado las luces, se pueden sentar en la cama y dedicar quince minutos a respirar conscientemente. Como hay cosas que deben hacer con otras personas, quizá no sean capaces de hallar una hora específica para hacer lo que quieran hacer. Dependerá de lo creativos que consigan ser con su tiempo. Sin embargo, recuerden que la práctica está a su alcance en cualquier momento —incluso cuando están orinando o trapeando el piso.

Pueden trepar el piso como hombres libres o como esclavos—esto depende de ustedes. Aquí, todos deben hacer ciertas cosas, pero las pueden hacer como personas libres. Pueden cultivar su libertad. Esto da mucha dignidad y todo el mundo se dará cuenta. Con la práctica son libres de verdad, independientemente de la situación en que se encuentren.

Les propongo que cada vez que vayan al baño —cada vez que orinen, defequen, o que se laven las manos— inviertan el cien por ciento de su ser en el acto. Detengan todo pensamiento; sólo disfruten hacerlo. Puede ser muy placentero. En pocas semanas notarán los maravillosos efectos de esta práctica.

P: ¿Puede definir la plena consciencia? ¿Cómo podemos practicar con tantas distracciones?

R: En vietnamita "plena consciencia" es *chanh niem*, que significa estar de verdad presente en el momento. Al comer, saben que están comiendo. Al caminar, saben que están caminando. Lo

opuesto a la plena consciencia es el olvido.
Comen, pero no saben que están comiendo porque su mente está en otra parte. Cuando vuelven a traer a la mente lo que está sucediendo en
el aquí y en el ahora, eso es plena consciencia,
y la plena consciencia les puede aportar mucha
vida, alegría, placer, y gozo. El simple acto de
comer una naranja, por ejemplo, puede ser mil
veces más placentero si se la comen con plena
consciencia que si lo hacen sumidos en sus preocupaciones, su enojo o su desesperación. La
plena consciencia es la energía que les ayuda a
estar plenamente presentes con lo que haya.

Supongamos que oyen ruidos en su entorno.
Pueden usar el ruido como el objeto de la plena
consciencia. "Inhalando, oigo mucho ruido.
Exhalando, le sonrío a este ruido. Sé que las
personas que hacen ruido no son siempre pací-
ficas y siento compasión por ellas". El hecho
de practicar respirando en forma plenamente
consciente y de usar el sufrimiento que hay a su
alrededor como objeto de su plena consciencia,

contribuirá a que las energías de la comprensión y la compasión surjan en ustedes.

En un retiro, una mujer se quejó de que los ronquidos de la persona con quien compartía habitación no la dejaban dormir. Estaba a punto de recoger su saco de dormir e irse a la sala de meditación cuando, de repente, recordó lo que yo había enseñado y decidió quedarse. Usó el sonido como campana de la plena consciencia para generar compasión. "Inhalando, soy consciente de los ronquidos. Exhalando, les sonrío". Diez minutos más tarde estaba profundamente dormida. Fue un descubrimiento maravilloso para ella.

P: ¿Podría decirnos algo sobre perdonar?

R: El perdonar es fruto del entendimiento. A veces, incluso cuando queremos perdonar a alguien, no somos capaces de hacerlo. La buena voluntad necesaria para perdonar puede estar presente, pero la amargura y el sufrimiento siguen también estando presentes. Para mí el perdón es resultado de la práctica de observar profundamente y comprender.

Una mañana en la oficina que teníamos en París en los años setenta y ochenta recibimos una muy mala noticia. Había llegado una carta en que nos decían que una niña de once años que viajaba en un barco procedente de Vietnam había sido violada por un pirata. Cuando su padre intentó intervenir lo arrojaron al mar. La niña saltó al mar también, y se ahogó. Yo estaba enojado. Como seres humanos, tenemos derecho a enojarnos; pero como practicantes, no tenemos derecho a cesar de practicar.

No fui capaz de desayunar; la noticia era demasiado para mí. Medité caminando en un bosque cercano. Intenté conectar con los árboles, los pájaros y el cielo azul, para calmarme, y luego me senté y medité. La meditación duró mucho rato.

Mientras meditaba me vi nacer en la zona costera de Tailandia. Mi padre era un pescador pobre; mi madre era una mujer inculta.

La pobreza me rodeaba por todas partes. A los catorce años tuve que ponerme a trabajar con mi padre en el barco para ganar nuestro sustento; este trabajo era muy arduo. Cuando mi padre murió, tuve que hacerme cargo del negocio yo solo para sostener a mi familia.

Un pescador que conocía me dijo que muchos refugiados del mar que salían de Vietnam solían llevar consigo sus posesiones muy valiosas, como oro y alhajas. Me dijo que si interceptábamos uno sólo de estos barcos y nos quedábamos con una parte del oro, seríamos ricos. Como era un pescador pobre e inculto, su propuesta me tentó. Y un día decidí irme con él y robar a los refugiados del mar. Cuando vi cómo el pescador violaba a una de las mujeres que viajaban en el barco, sentí la tentación de hacer lo mismo. Miré a mi alrededor y cuando me di cuenta de que nada me podía detener —no había policías y no corría ningún riesgo— me dije a mí mismo "Lo puedo hacer también, una sola vez". Fue así como me convertí en un pirata del mar que violaba a una niña pequeña. Ahora imagínense que van en el barco y que llevan una pistola. Si me disparan y me matan, su acto no me ayudará. Nadie me ha ayudado en toda mi vida y nadie ayudó a mis padres en toda su vida. De niño, me criaron sin educación. Yo jugaba con niños delincuentes y crecí parar convertirme en un pescador pobre. Ningún político o educador me ayudó jamás. Y porque nadie me ayudó, me convertí en pirata . Si me disparas , moriré.

Esa noche medité sobre esto. Una vez más, me vi como un joven pescador que se convierte en pirata. También vi como cientos de bebés nacían esa noche en las costas de Tailandia. Me di cuenta de que si nadie ayudaba a esos bebés a crecer con educación y posibilidades de llevar una vida decente, en veinte años algunos de esos bebés serían piratas del mar. Empecé a entender que si yo hubiese nacido niño en esa aldea de pescadores, también yo me hubiese convertido en pirata del mar. Cuando comprendí esto, mi enojo hacia los piratas se disipó.

En vez de enojarme con el pescador, sentí compasión por él. Prometí que si algo pudiera hacer para ayudar a los bebés que habían nacido esa noche en las costas de Tailandia, lo haría. La energía llamada enojo se transformó en la energía de la compasión por medio de la meditación. El perdón no se puede obtener sin esa clase de comprensión, y la comprensión es el fruto de observar profundamente, a lo que yo llamo meditación.

P: ¿Cuál es la esencia del budismo? ¿Es una religión? ¿Buda era un Dios?

R: Buda siempre nos recuerda que es un ser humano, no un Dios. Es un maestro. Nos dejó muchas enseñanzas que impartió a sus discípulos. Se llaman sutras. Esta mañana les he ofrecido la práctica de la respiración consciente. Viene del sutra llamado *Discurso sobre la respiración consciente*. En este texto nos propone dieciséis ejercicios de respiración consciente para enfrentar a las dificultades de nuestra vida cotidiana, cultivar la sabiduría, la compasión, etc. Hay otros discursos sobre la práctica de la plena consciencia que conducen a la transformación y a la sanación. No son oraciones; son textos que enseñan a lidiar con el sufrimiento y las dificultades de la vida cotidiana.

Al principio, el budismo no era una religión; era un modo de vida. Los sutras son las enseñanzas de Buda sobre cómo transformar el sufrimiento y cultivar la alegría y la compasión. Como monjes budistas, aprendemos muchos de estos sutras y aprendemos a explicarlos a la gente de forma que sepan exactamente cómo practicar estas enseñanzas.

En la tradición budista, honramos las tres joyas. La primera joya es Buda, quien halló un camino de entendimiento, amor, transformación y sanación. La segunda joya es el Dharma, el camino de la transformación y la sanación, ofrecido por Buda en forma de discursos, enseñanzas y prácticas. La tercera joya es la comunidad de practicantes, la Sangha —los hombres y mujeres que han formado una comunidad y siguen el camino de la meditación y de la práctica de la plena consciencia.

Sangha significa "comunidad". Todos los miembros de la comunidad practican la respiración consciente, el caminar consciente, y generan compasión y comprensión. Practicamos el tomar refugio en la Sangha porque una verdadera Sangha es una comunidad donde existe una práctica verdadera —consciencia, comprensión y compasión verdaderos. Una verdadera Sangha es portadora del verdadero Dharma y del verdadero Buda. Por tanto, cuando entras en contacto con una Sangha verdadera, también entras en contacto con Buda y el Dharma.

Con una Sangha tienen la posibilidad de alcanzar el éxito porque la Sangha contribuye a protegerlos y a apoyarlos en su práctica. Sin una Sangha es posible que abandonen su práctica al cabo de unos meses. Tenemos un dicho de que cuando un tigre baja de la montaña al llano será capturado y asesinado por los humanos. El practicante debe permanecer con su Sangha o puede que abandone la práctica al cabo de unos meses. El apoyo y la guía que da una Sangha son muy importantes.

Incluso aquí pueden establecer una Sangha de cuatro o cinco personas que practiquen a diario —caminando, respirando, comiendo y trabajando conscientemente. Una Sangha puede dar el apoyo que haga falta. Una Sangha puede estar formada por laicos o por monásticos, pero dondequiera que haya por lo menos cuatro personas que practiquen juntos la plena consciencia, habrá una Sangha. Es muy importante tomar refugio en una Sangha —si la Sangha practica de verdad, contiene a Buda y al Dharma.

P: ¿Qué es la plena consciencia y qué puede generar?

R: La plena consciencia, como he dicho, es la capacidad de estar presente en el aquí y en el ahora. Concentren su atención en lo que está pasando —si hay plena consciencia, también habrá concentración. Si mantienen la consciencia en algo, se concentrarán en ello; se convertirá en el objeto de su concentración. Cuando su plena consciencia y su concentración sean buenas, desarrollarán la facultad de comprender las cosas con claridad, agudeza y discernimiento, lo que se conoce como visión profunda; empezarán a comprender a fondo lo que de verdad está sucediendo en el aquí y en el ahora. El proceso comprende plena consciencia, concentración y visión profunda. La visión profunda les ayuda a comprender y les libera de las percepciones equivocadas. Hace que dejen de sufrir.

P: ¿Podemos pensar en el pasado y hacer planes para el futuro?

R: La plena consciencia significa establecerse en el momento presente, pero no significa que no tengan derecho a examinar el pasado y aprender de él, o a trazar planes para el futuro. Si están de verdad arraigados en el momento presente y el futuro se convierte en el objeto de su plena consciencia, pueden examinar el futuro a fondo para determinar lo que pueden hacer ahora para que ese futuro sea posible. Decimos que la mejor forma de cuidar del futuro es cuidar del presente, porque el futuro está hecho del presente. Cuidar del presente es de las mejores cosas que pueden hacer para asegurar un buen futuro.

Cuando traemos hechos del pasado al momento presente y los convertimos en el objeto de nuestra consciencia, nos enseñan bastante. Cuando formábamos parte de tales hechos no éramos capaces de verlos tan claramente como ahora. La práctica de la plena consciencia nos da nuevos ojos y nos permite aprender muchas cosas del pasado.

P: Por favor diga algo más sobre la respiración.

R: La calidad de la respiración mejora con la práctica. La respiración se vuelve más profunda y más lenta. Introduce más placer en el cuerpo y la consciencia y, sin embargo, todo lo demás sigue igual. Conforme siguen respirando, caminando o sentándose como lo hacen habitualmente, la calidad de su respiración, de andar o estar sentados mejora. La práctica de la respiración consciente debería traerles más placer, vida y alegría. No debe surgir nada negativo de la práctica de la meditación; si sentimos impresiones opuestas a las de la paz, la relajación y la alegría, es porque hay algo que no anda bien. La meditación sólo debe mejorar la calidad de la vida en el momento presente.

P: Me parece que en Occidente el énfasis se pone en tener éxito. ¿Existe realmente el éxito?

R: Tomen como ejemplo la práctica de meditar caminando. Podemos meditar caminando un rato, disfrutando de cada paso. Luego, como nos agrada mirar cosas como árboles, piedras, nubes, etc., nuestros ojos perciben una bellísima flor que tenemos delante e interrumpimos nuestra meditación caminando y contemplamos su belleza. No hay nada malo en esto, porque incluso cuando detenemos nuestra marcha, nuestro gozo continua. Lo mismo pasa con la meditación. Cuando están disfrutando de su inhalación y de su exhalación, les puede venir una idea. Son libres de elegir continuar con su respiración consciente o quedarse con la idea. Le pueden decir a la idea: "Quisiera continuar con mi respiración consciente antes de dedicarte algo de tiempo". Si la idea acepta su decisión, se retirará a un segundo plano para que puedan continuar meditando. Es como examinar una pila de cartas sobre el escritorio y apartar una carta especial para leerla al final.

La conciencia plena puede ser consciencia plena de lo que ustedes quieran en el momento presente. ¿Qué pasa si la idea es muy potente y exige su atención ahora mismo? En tal caso pueden decir "Bueno, dejaré de concentrarme en mi respiración y te haré caso". Entonces pueden decidir concentrar toda su atención en este nuevo objeto de meditación. No hay nada de malo en esto.

Si meditando sentados empiezan a sentir las piernas algo doloridas al cabo de apenas diez minutos, quizá piensen que tienen que soportar el dolor y permanecer sentados los quince minutos enteros; de lo contrario, habrán fracasado. No tienen que sentirse así". En vez de hacer eso pueden practicar el masaje consciente. "Inhalando, soy consciente de que estoy empezando a cambiar de postura. Exhalando, sonrío a mi dolor muscular". Son libres de elegir el objeto de su plena consciencia. No han dejado de meditar, no se ha perdido ni un segundo de su meditación, no han fracasado.

P: ¿Qué es un maestro Zen?

R: Un maestro Zen es alguien que ha practicado la meditación Zen algún tiempo, ha adquirido algo de experiencia y es capaz de compartir esta práctica con otras personas.

P: Soy cristiano de formación. ¿Puedo practicar la plena consciencia?

R: He estudiado el cristianismo y he hallado muchas enseñanzas sobre la plena consciencia en él, y también en el judaísmo y en el islam. Yo pienso que la plena consciencia tiene naturaleza universal. La pueden encontrar en todas las tradiciones espirituales. Si estudian a fondo la vida de un sabio, cualquiera que sea su tradición, hallarán un atributo de plena consciencia en su vida. Un sabio es capaz de vivir cada momento de su vida profundamente, y de tocar la belleza y la verdad en cada momento de la vida.

En mi opinión, es posible sacar provecho de muchas tradiciones a la vez. Si les gustan las naranjas, pueden comérselas, pero nada les impide disfrutar también de los kiwis o de los mangos.

¿Por qué comprometerse con una sola clase de fruta cuando toda la herencia espiritual de la humanidad está a su alcance? Es posible tener raíces budistas así como raíces cristianas o judías. Crecemos y nos fortalecemos mucho de esta manera.

P: ¿Hay algún tipo de fuerza que dirige su existencia? ¿Hay una fuerza superior que le oriente?

R: He dicho que pueden hallar tanto el infierno como el cielo en cada célula de su cuerpo. La fuerza espiritual superior o inferior se encuentra ahí mismo, en cada uno de ustedes. Cuando poseen compasión, pueden tocar la compasión en todas partes. Cuando poseen violencia y odio, conectarán con estas energías en su entorno. De ahí que sea tan importante elegir con qué canal quieren sintonizar.

Si deciden alimentarse de energías positivas únicamente, la energía de la plena consciencia les ayudará a diferenciar las energías que les hacen bien de las que no —con quiénes debieran relacionarse, qué clases de alimentos deberían consumir, qué clase de programas de televisión deberían ver, etc. La plena conscienciaes capaz de decirles qué clase de cosas necesitan y qué clases de cosas son perjudiciales para ustedes.

P: ¿Nos puede explicar algo sobre su poesía?

R: Mi poesía es algo que ocurre durante todo el día. Cuando riego el huerto o lavo los platos, la poesía nace en mí. Cuando me siento en la mesa de escribir, no hago mas que componer poemas. La poesía viene como inspiración y es el fruto de mi práctica de vida plenamente consciente. Una vez que un poema ha nacido, puede que me dé cuenta de que me ha ayudado; el poema es como una campana de plena consciencia.

A veces necesitan releer un poema que han escrito, porque les lleva a una experiencia maravillosa —les recuerda la belleza que está disponible en su interior y en su entorno. Un poema es una flor que ofrecen al mundo y, al mismo tiempo, es la campana de la plena consciencia que les hace recordar la presencia de la belleza en su vida diària.

Apéndice

A continuación se presentan comentarios escritos por algunos de los asistentes a la charla impartida por Thich Nhat Hanh el 16 de octubre de 1999 en la Institución Correccional de Maryland en Hagerstown (MCIH).

Impresiones sobre Thich Nhat Hanh

Observé asombrado cómo un hombre pequeño, Thich Nhat Hanh, caminaba con gracia hacia el escenario en la Institución Correccional de Maryland en Hagerstown y se sentaba cruzado de piernas. Me sorprendió porque había alrededor de ochenta invitados de todo Estados Unidos y el mundo, y más de ciento veinte reclusos inquietos sentados en el auditorio esperando la aparición de este hombre, y él nos ignoró a todos. Se sentó en meditación consciente, aunque al principio no lo sabíamos. Se sentó en paz y reposo, ajeno al ruido y la confusión del personal que se apresuraba a colocar equipo de amplificación, ajeno a los susurros y murmullos de la audiencia, y ajeno a las atenciones de su comitiva. Y francamente, mucha gente sólo lo miraba. ¿Cómo podía sentarse allí tan dichosamente? ¿Cómo podía el invitado de honor ignorarnos? Su rostro estaba tranquilo y notablemente sin arrugas. Simplemente se quedó allí.

Y reaccionamos a su paz antes de que dijera una palabra. El personal probó el audio hasta estar satisfecho y luego dejó el equipo en su lugar y abandonó el escenario, los ecos de sus pasos en el suelo de madera finalmente en silencio. El murmullo en la habitación disminuyó gradualmente y se detuvo. Su comitiva quedó satisfecha de que las alfombras y mantas estuvieran correctamente ubicadas en el escenario, y se acomodaron en su propia meditación consciente.

Y antes de que abriera la boca, ya tenía nuestra completa atención. Queríamos lo que él tenía. Y como resultado, el boletín semanal de la Institución Correccional de Maryland acaba de informar la implementación de un nuevo programa de meditación. ¡Impacto asombroso de un hombre humilde que comenzó ignorando a su audiencia!

Douglas Scott Arey
MCIH

. . . Los comentarios, consejos y sincera creencia de Thich Nhat Hanh en lo que explica y practica han cambiado muchas vidas aquí dentro. Ahora está a miles de millas de la Institución Correccional de Maryland en Hagerstown, pero su charla penetró en los corazones de cientos que estaban en esta prisión y nos dio alas para volar a una tierra donde la sabiduría y la comprensión son el pasaporte y el perdón es la visa.

Ahmad Nowrouzi
MCIH

. . . Aplaudimos a MCIH por traer a este hombre santo a su primera prisión estadounidense. Muchos de nosotros, internos y externos por igual, estamos en prisiones de nuestra propia creación, cárceles formadas por resentimiento contra aquellos que nos han lastimado y un deseo de venganza. El milagro de la atención plena puede liberarnos a todos.

Shepherdstown Chronicle (03/12/99) "Algunas cosas consideradas" por Donna Acquaviva

El entorno penitenciario es simultáneamente uno de los lugares más cruciales para tener una práctica espiritual sólida y uno de los lugares más difíciles para que florezca y se sostenga. Después de trabajar en prisiones durante treinta años, estoy realmente emocionado de ver a Dharma-ancianos como Thich Nhat Hanh hablando directamente a los prisioneros sobre la importancia y las dificultades de dicha práctica. Los prisioneros necesitan libros como éste, y nosotros en el exterior necesitamos el ejemplo de esfuerzo correcto y dedicación de los prisioneros para inspirarnos a enfrentar nuestros propios desafíos. Que Dharma y Compasión continúen derribando las paredes desde ambos lados, para que podamos ver a través de las formidables diferencias en nuestros entornos y antecedentes hacia la unidad eterna que compartimos en el refugio de nuestra Naturaleza esencial.

Bo Lozoff
Director y Cofundador
de la Fundación

Los monjes y visitantes practican el arte de vivir conscientemente en la tradición de Thich Nhat Hanh en nuestros centros de práctica de la atención plena alrededor del mundo. Para comunicarte con cualquiera de estas comunidades o para obtener información sobre cómo individuos, parejas y familias pueden participar en un retiro, por favor, contacta a:

PLUM VILLAGE
33580 Dieulivol, France
plumvillage.org

LA MAISON DE L'INSPIR
77510 Villeneuve-sur-Bellot, France
maisondelinspir.org

HEALING SPRING MONASTERY
77510 Verdelot, France
healingspringmonastery.org

MAGNOLIA GROVE MONASTERY
Batesville, MS 38606, USA
magnoliagrovemonastery.org

BLUE CLIFF MONASTERY
Pine Bush, NY 12566, USA
bluecliffmonastery.org

DEER PARK MONASTERY
Escondido, CA 92026, USA
deerparkmonastery.org

EUROPEAN INSTITUTE
OF APPLIED BUDDHISM
D-51545 Waldbröl, Germany
eiab.eu

ASIAN INSTITUTE OF
APPLIED BUDDHISM
Lantau Island, Hong Kong
pvfhk.org

THAILAND
PLUM VILLAGE
Nakhon Ratchasima
30130 Thailand
thaiplumvillage.org

STREAM ENTERING
MONASTERY
Beaufort, Victoria 3373,
Australia
nhapluu.org

RECURSOS ADICIONALES

Para obtener información sobre nuestra comunidad internacional, visita: *plumvillage.org*

Para encontrar una sangha en línea, visita: *plumline.org*

Para obtener más prácticas y recursos, descarga la aplicación Plum Village: *plumvillage.app*

The Mindfulness Bell, una revista sobre el arte de vivir conscientemente en la tradición de Thich Nhat Hanh, se publica tres veces al año por nuestra comunidad. Para suscribirte o para consultar el directorio mundial de Sanghas (grupos locales de atención plena), visita mindfulnessbell.org.

Parallax Press, una editorial sin fines de lucro fundada por el Maestro Zen Thich Nhat Hanh, publica libros y medios sobre el arte de vivir conscientemente y el Budismo Comprometido. Estamos comprometidos en ofrecer enseñanzas que ayuden a transformar el sufrimiento y la injusticia. Nuestra aspiración es contribuir al conocimiento colectivo y el despertar, promoviendo una sociedad más alegre, saludable y compasiva.

Consulta toda nuestra biblioteca en parallax.org.